COUR D'APPEL DE BASTIA.

INSTALLATION

DE LA MAGISTRATURE.

Audience Solennelle du 30 Novembre 1849.

BASTIA,

DE L'IMPRIMERIE DE C. FABIANI.

—

1849.

INSTALLATION DE LA MAGISTRATURE.

Audience solennelle

DU 30 NOVEMBRE 1849.

Cejourd'hui, trente novembre, mil huit cent quarante neuf, la Cour d'appel de Bastia, sur la convocation de M. le Premier Président, s'est réunie au Palais-de-Justice pour la cérémonie de la rentrée, de l'installation de la Cour et de la prestation de serment ordonnée par la loi du 8 août 1849.

La Cour, en robes rouges, à l'exception des commisgreffiers qui étaient en robes noires, accompagnée des Chefs des tribunaux du ressort et suivie des Membres du tribunal de première instance de Bastia, tous revêtus de leurs robes noires, s'est rendue, sous l'escorte d'un détachement du 24e régiment d'infanterie légère, à l'église paroissiale de St-Jean, où elle a assisté à une messe solennelle du St-Esprit.

Rentrée au Palais après la cérémonie religieuse, et aussitôt que les autorités civiles et militaires, ainsi que les personnes invitées à la cérémonie ont occupé les places qui leur étaient réservées, les Avocats et les Avoués se trouvant aussi placés, la Cour, précédée de ses huissiers, s'est rendue, à midi, dans la grand'salle d'audience et a pris place sur ses siéges.

La Cour était composée de MM. Alexandre Colonna d'Istria, Premier Président, Officier de l'ordre national de la Légion d'Honneur, Casale et Stefanini, Présidents de chambre, tous les deux chevaliers du même ordre ; Galeazzini, doyen, Marcilese, Arrighi, Pallavicini, les trois derniers chevaliers du même ordre, Arena, Viale, Gavini, les deux derniers chevaliers du même ordre, Juchereau de St-Denys, Andreau-Moral, chevalier du même ordre, Poli, Nasica, chevalier du même ordre, Levie, Montera, chevalier du même ordre, Miravail, Lacour, Morel, chevalier du même ordre, Conseillers; Murati, Conseiller auditeur; Conti, Procureur-général, Sigaudy, premier Avocat-général, Moisson, Avocat général; Casabianca, Substitut; Marinetti, greffier en chef; B. Marinetti, Guasco, Santelli et Canavaggio, Commis-greffiers.

Dans la salle se trouvaient encore réunis MM. Montera, Président du tribunal de première instance de Bastia, chevalier de l'ordre national de la Légion d'Honneur; Trolley, Procureur de la République près le même tribunal; Dumalle, Procureur de la République près le tribunal de première instance de Calvi; Cœuret, Président du tribunal de première instance de Corte; Roux, Procureur de la République près le même tribunal; Bradi, Président du tribunal de première instance de Sartene; Comte, Procureur de la République près le même tribunal; Arène et Gregorj, Présidents, le premier du tribunal de commerce d'Ajaccio, le second de celui de Bastia.

M. le premier Président, ayant déclaré la séance ouverte, a donné la parole à M. le Procureur-général qui a déjà prêté serment à Paris, à la séance solennelle du trois novembre courant.

Ce magistrat, s'étant levé, a prononcé le discours suivant:

MESSIEURS,

Il est une puissance qui se dégage du sein de l'humanité pour l'éclairer comme sa lumière, pour la réfléchir comme son image, pour la dominer comme sa conscience. Renfermée, en naissant, dans le symbolisme des religions(1), recueillie ensuite dans le rythme des poètes (2), contenue enfin dans le texte des codes, elle s'avance à travers les accidents de l'histoire; elle se développe par ses transformations; elle s'élargit, en quelque sorte, jusqu'à ce

(1) Voy. Vico, J. Grimm.
(2) Aristote, Probl. sect. 19. quest. 28. -- Cicér. de legibus, lib. 2.

qu'elle contienne la vérité tout entière. Cette puissance c'est la loi. Désarmée, elle domine la force ; inerte, elle subjugue la volonté ; placée au-dessus des passions humaines, les hommes la prennent pour arbitre de leurs querelles ; le jour où elle disparaîtrait du monde, les civilisations tomberaient en poussière. D'où lui vient cet irrésistible ascendant sur les sociétés, et de quelles mains est-elle sortie pour être imprimée d'un tel caractère de force et de grandeur?

La loi n'est point l'œuvre de la science individuelle. Comme ces monuments anonymes, ces mystérieuses architectures de l'esprit humain qu'on appelle les langues, la loi n'est point l'œuvre d'un seul homme : elle est de formation collective. Aussi bien, plus il concourt, dans sa création, d'intelligences, d'intérêts, d'énergies ; plus elle se complète, plus elle se généralise, plus elle acquiert de raison, de justice et de force. Dans les monarchies, sous le despotisme lui-même, la loi est la création de tous, puisque involontairement et par un accord secret, chacun y participe, comme chacun modifie l'air qu'il respire ou déplace la lumière dans laquelle il se meut. Le législateur écrit alors sous la dictée de son temps. Mais ses paroles ne sont que des échos; ses clartés ne sont que des reflets. Il se fait une déperdition du sens général dans ce travail qui se classe, qui se définit, qui se produit enfin sous les conditions de l'esprit individuel. Car si, d'une part, le législateur ne peut se soustraire à la domination de son siècle, il ne peut non plus se dérober à l'empire de sa propre personnalité ; il lui est aussi difficile de l'effacer complètement de ses productions que de l'y imprimer tout entière. « Les lois rencontrent toujours les passions et les préjugés du législateur; quelquefois elles s'y teignent (1). » Au contraire,

(1) Montesquieu, *Esp. des lois*, liv. 29, Ch. 19.

dans les démocraties, le génie des peuples intervient directement lui-même, presque sans intermédiaire et comme de premier saut; il ne se confie point à d'infidèles interprétations; il s'introduit tout entier et tout vivant dans son œuvre. C'est dans ce fait immense que trouve sa raison ce principe de la connaissance universelle de la loi, inscrit en tête de toutes les législations. Nul n'est réputé l'ignorer. Celui qui ignore la loi, sous la démocratie, ment à lui-même; celui qui l'enfreint, commet un crime inconnu jusqu'ici, le suicide de la conscience humaine.

Est-ce à dire que la loi soit le produit exclusif d'une société contemporaine? Ne remonte-t-elle pas à d'autres sources? Ne contient-elle pas un secret qui se cache dans l'histoire?

Aucune époque ne fut plus profondément pénétrée que la nôtre, Messieurs, du sentiment de la sociabilité. Mais, si jamais on ne comprit mieux que de nos jours ce que peut ajouter à la puissance sociale le concours de toutes les volontés, le tribut de toutes les intelligences; ces vérités, il faut le dire, se sont malheureusement perdues dans de fausses et criminelles théories; elles s'y sont perdues parce qu'elles sont restées incomplètes; elles se sont détruites parce qu'elles se sont mutilées. S'il existe un lien qui unisse les hommes entre eux, n'oublions pas qu'il les unit à travers le temps comme à travers l'espace; et qu'au rebours de ce supplice inventé par l'antiquité, l'humanité passée est liée à l'humanité présente, non comme un cadavre, mais comme un éternel élément de progrès et de vitalité; comme l'arbre est attaché aux racines, comme les racines le sont à la terre, comme la terre elle-même est attachée à la main de Dieu.

On ne saurait explorer les origines de la loi sans comprendre qu'elle est le résultat de cette collaboration des générations entre elles: de celles que le temps emporte et de celles qu'il introduit sur le théâtre du monde. C'est que tout se tient dans l'humanité. *In vetere novum latet ; in novo vetus patet* (1). Dans les grandes successions de l'histoire comme dans les successions civiles, *le mort saisit le vif*. Les peuples qui s'en vont laissent leur esprit parmi nous comme un flambeau où la science prend sa lumière, la vertu sa chaleur et le génie des hommes les splendeurs dont il se couronne dans l'histoire. C'est par cette vue que la doctrine de la sociabilité se complète et qu'elle ramène forcément ses grandes conséquences, un instant égarées, de l'hérédité, de la famille, de la propriété et de la religion.

Lorsque Domat écrivait sur les institutions civiles, il fut frappé de cette large division des lois, dont les unes régissent l'humanité contemporaine, dont les autres gouvernent l'humanité successive. Il la formula sous cette rubrique : *des engagements volontaires ou involontaires et des faits de succession.* Il est remarquable que c'est aux faits de succession que se prennent, avec une incomparable ardeur de destruction, les sectaires qui menacent la société. Je les reconnais à ce signe que, dans la famille, ils nient les traditions et les espérances; comme dans l'ordre des idées religieuses, ils rejettent à la fois et la sublime origine et la consolante aspiration de l'âme humaine. A force de vouloir *relier* la société, comme ils disent, ils la séparent d'elle-même; car, en l'enfermant dans le cercle étroit de leurs systèmes, ils la détachent à la fois de son passé et de son avenir. C'est ainsi qu'en niant les grands principes de la civilisation, pour fortifier ce qu'ils appellent la *solidarité* humaine, ils tombent dans la coupable inconséquence de leurs propres théories.

Mais s'il est vrai, Messieurs, que les lois se divisent entre la société contemporaine et la société successive pour

(1) St Augustin.

les régler dans leurs rapports; reconnaissons également que ce concours du présent et du passé, de l'actualité et de la succession, se rencontre dans la formation de la loi elle-même et qu'elle en tire toute sa force comme aussi toute son autorité.

Je ne débattrai point avec Vico ou avec Niebuhr ce point d'érudition aujourd'hui élucidé, si les lois des douze tables ne furent qu'une importation de la Grèce. Je ne me prévaudrai point des recherches de M. de Savigny sur la perpétuité du droit romain au moyen-âge. Qu'il me suffise d'affirmer que le même esprit circule à travers toute l'histoire et que la loi s'en pénètre, sinon par la science ou par les communications des peuples entre eux, du moins par le développement providentiel de l'humanité !

Il y a deux mille ans, une grande clarté se fit dans le monde; et cette parole fut entendue : *je viens accomplir la loi.* C'est que la loi ne se fait point, elle s'accomplit; c'est que tout s'accomplit dans l'humanité; et la loi humaine ne s'approche de son type immortel, de son divin exemplaire, qu'en s'élevant sur la hauteur des siècles révolus. Si le temps rend justice à tout le monde, suivant la parole de Mirabeau, ne peut-on l'entendre en ce sens qu'il entre dans la loi elle-même comme un principe de droit et de vérité? La loi emprunte au temps ses progrès, afin de garder sa durée.

La loi, Messieurs, c'est la raison; non point celle qui suffit à chacun de nous pour le gouvernement de nos facultés; mais la raison la plus haute, la raison de tous, la raison générale. Cette raison est dans le peuple. C'est le peuple inspiré de son passé et pressentant son avenir qui crée la loi. Il la formule soit par une assemblée où son esprit se recueille en se manifestant, soit par un grand homme qui en a la plénitude et qui en fait la révélation. Le pouvoir législatif la produit, le pouvoir judiciaire la rend visible. Le législateur et le magistrat sont les deux organes de la loi.

La mission du législateur, quel qu'il soit, Messieurs, est de retrouver au sein de la coutume, des traditions et des mœurs, sous les conditions du climat, des religions et du génie des nations, cet éternel élément du droit qui tend à se dépouiller de tout ce qui est en lui de passager, d'accidentel, de contingent, comme disent les écoles, et à prendre son niveau à la hauteur des idées générales de l'humanité; mais les lois ne sont que des abstractions qui demandent à entrer dans le domaine des faits, *animas sua membra quærentes*. De même que le législateur se trouve placé entre le monde des faits et celui de la raison; le magistrat est, à son tour, l'intermédiaire entre la raison elle-même, la raison écrite et les faits multiples qu'elle doit régir. Placés comme sur deux versans, à des hauteurs qui se correspondent, ils reçoivent d'en haut le même rayon qui les illumine.

Dans ce double mouvement, celui du législateur qui s'élève du sein des variétés infinies du monde pour atteindre la vérité la plus haute et celui du magistrat qui en descend, en quelque sorte, pour pénétrer jusqu'aux dernières limites des divisions sociales, il existe des degrés marqués; pour l'un, c'est la coutume qui se transforme en droit écrit, c'est le droit écrit qui se coordonne et qui devient un code; pour l'autre, c'est la doctrine qui est remplacée par la jurisprudence, c'est la jurisprudence qui se précise et qui se fixe dans le jugement.

Lorsque Montesquieu affirmait que, sous les républiques, le devoir du magistrat est d'appliquer la lettre de la loi (1); qu'il n'y a pas lieu pour lui à l'interprétation des textes; il était sans doute moins préoccupé de la forme politique des

(1) *Esprit des lois*, liv. VI. Chap. 3.

États que de leur étendue et de leur configuration géométrique, puisqu'il supposait un fait contredit par notre situation présente, que la démocratie ne peut se répandre et être contenue à la fois sur une grande surface territoriale. Il semble que plus la base de la législation s'élargit, plus la loi se généralise, plus la distance qui sépare la loi de l'*espèce* s'agrandit, plus il y a place pour la raison qui doit combler cet intervalle et mettre le principe et le fait en présence afin de les réunir. Trente six millions d'hommes ne peuvent se rencontrer dans une pensée commune qu'à une grande élévation; et c'est à cette hauteur que le magistrat doit prendre la règle de ses jugements. Voilà donc la condition que la démocratie fait à la magistrature. Elle lui accorde une confiance presque illimitée et lui demande une intervention plus profonde de sa raison, de ses lumières et de sa justice.

Si la magistrature est l'interprète de la loi, qui est le produit le plus synthétique d'une nation, ne doit-elle pas, afin d'y répondre par une harmonie, prendre naissance dans un ordre de faits généraux? et dans quelle région, si ce n'est au sommet de l'Etat? Elle ne saurait sortir de l'élection, parce que l'élection, ne pouvant être que partielle et toute locale, lui enlèverait ce caractère de généralité qui doit être l'attribut de la magistrature, comme il est l'attribut de la loi elle-même; parce que, comme la loi qui est *une*, la magistrature doit avoir son *unité* puissante et indissoluble; parce qu'elle rend la justice au nom du peuple français et non de telle province de la République et que sa constitution élective créerait je ne sais quel *fédéralisme* judiciaire se renouvelant sur place, sans cohésion et sans autorité; parce que l'élection imprimerait à la magistrature un cachet de mobilité qui répugne à la permanence du droit qu'elle représente; parce que l'élection, enfin, tend à généraliser un fait particulier, et que l'œuvre de la magistrature est d'aboutir au fait particulier en partant d'un principe général, ce qui impliquerait une sorte de contradiction entre son origine et ses fonctions.

La magistrature doit prendre naissance dans une sphère plus haute. Mais, de la même façon que, sortie des mains du législateur, la loi se place au-dessus de lui et le domine ; la magistrature s'élève au-dessus du pouvoir exécutif d'où elle émane et dont elle se détache pour vivre d'une vie qui lui est propre. De là, pour elle, la nécessité d'indépendance et la condition d'inamovibilité.

Entre la loi, qui est la forme de la justice, et la chose jugée, qui est l'expression de la vérité, le lien ne saurait être fragile au gré des passions humaines. La magistrature doit participer de la *constance* du droit qu'elle applique et porter en elle-même le principe de stabilité qu'elle dépose dans ses décisions.

Comme la société, qu'elle administre, elle est à la fois mobile par le recrutement de ses membres et traditionnelle par son organisation. Comme la loi, dont elle est la parole et le geste, elle reproduit l'élément *successif* et l'élément *actuel* qui s'assimilent et se confondent dans sa création. La signification de la magistrature inamovible se complète si l'on considère que, prise dans son ensemble, au milieu de ces révoltes incessantes de la liberté humaine, dans cet emportement des sociétés démocratiques, elle représente l'ordre, la modération et l'autorité.

Ce n'est pas assez, Messieurs, pour la magistrature d'être originaire du pouvoir exécutif, comme la loi est le produit du pouvoir législatif. La loi étant une œuvre collective, ceux qui l'interprètent doivent être un corps collectif. Le principe de l'unité du juge, tant préconisé par l'école de Bentham, tend à substituer, dans l'interprétation de la loi, la raison particulière à la raison générale, le sens individuel au sens *commun*. Le sens commun c'est le sens judi-

1

ciaire. Si vous livrez la loi à l'interprétation individuelle, elle sera bientôt altérée. C'est ce qui arriva à Rome sous le droit prétorien. Quelles que soient la science et l'intégrité du juge unique, elles ne sauraient suppléer à ce *critérium* particulier qui naît des délibérations communes et des mystérieuses affinités de la pensée pour la pensée dans les recherches de la conscience et du droit.

Telle est l'organisation de cette grande magistrature, dont la Constituante jeta la base; que Napoléon a fondée, que deux assemblées souveraines viennent de consacrer. Elle a pris naissance, on peut le dire, avec le Code Napoléon. Congénère avec la loi, elle en a recueilli, dans le même berceau, toute la force et toute la majesté.

Messieurs, nous avons raconté par quelle lente élaboration, par quel concours de secrètes influences, la loi se formait. Il y faut la contribution des siècles et des peuples. Mais la Providence a voulu que des hommes surgissent, à travers les temps, qui eussent cette faculté merveilleuse de résumer tout un passé et de comprendre tout un avenir. Ces hommes promulguent les Capitulaires, les Établissemens, le Code Civil. Ils s'appellent Charlemagne, St-Louis ou Napoléon.

« Si le Code Civil a opéré la fusion des idées anciennes avec les idées de la révolution, dit un jurisconsulte contemporain (1), c'est principalement à Napoléon qu'il faut en attribuer l'honneur; son esprit de conciliation brille dans le Code comme dans la réunion des partis politiques qui déchiraient l'État. »

C'est que Napoléon était la personnification de son pays et de son époque. Il sentait en lui cette force collective dont il était rempli; elle débordait dans ses œuvres et

(1) Troplong. *De la Vente*, préface.

parce qu'il en avait conscience, il se disait lui-même le peuple-empereur.

La plus grande épreuve qu'ait eu à subir le Code Civil c'est de s'être rencontré avec une révolution qui permettait au peuple, rentré dans la possession de sa souveraineté, de le modifier ou de le refondre. S'il ne l'a point fait c'est qu'il s'est retrouvé tout entier dans cette prodigieuse création et qu'il n'eût pû la détruire sans se briser lui-même. Comme ces découvertes, qui ont confirmé les prévisions de la science, la sanction que la révolution de février a donnée au Code Civil, est le plus haut témoignage de ces divinations du génie qui illuminent toute une époque.

Cette œuvre vers laquelle aspiraient tous les grands jurisconsultes, cette œuvre de fusion, où le droit coutumier, les Ordonnances, le droit Romain se sont mêlés dans une magnifique unité, cette œuvre que Daguesseau et Turgot appelaient de leurs vœux, que les plus doctes feudistes, Montesquieu (1) lui même, ne croyaient point réalisable, Napoléon l'a accomplie. Elle n'est pas devenue seulement la loi de la France; elle sera bientôt la loi du monde. Immense victoire que le grand homme devait remporter sur l'avenir, et qui fit, après sa mort, du héros de la force le conquérant du droit !

Le Code Napoléon est comme la bible des lois pour la société moderne. Il est la base et le couronnement de la *Cité Civile*, que l'Empereur a créée sur des ruines, et qu'il a voulu mettre à l'abri des mouvemens politiques. Quelles que soient les secousses qui lui viennent des révolutions, elle persistera dans sa force et dans sa durée, car elle porte

(1) Lorsque les citoyens suivent la loi, qu'importe qu'ils suivent la même? Montesquieu, *Esprit des lois*, liv. 2, chap. xviii. *Des idées d'uniformité.*

dans son sein cette organisation du droit privé dont le principe indestructible se retrouve toujours dans l'histoire, sous toutes les formes de gouvernement, sous la monarchie comme sous la république, sous l'arbre de Vincennes comme sous l'arbre de la liberté.

C'est la gloire de l'Empereur d'avoir dégagé la loi civile de la loi politique. Ce qu'il a fait pour la loi civile il devait le faire pour la magistrature.

La magistrature a été mêlée à la religion et à la politique. Elle se dépouilla du formalisme sacerdotal dans le progrès de la société romaine. Le mystère des *Actions de la loi* fut divulgué par le Code Flavien. Au sortir de la féodalité, les usurpations de la juridiction ecclésiastique furent reconquises. La procédure n'a plus été une liturgie ; les magistrats n'ont plus été des pontifes (1) ou des évêques. Sont-ils encore des hommes politiques ? Dans l'antiquité juive, les chefs du peuple étaient des juges. Dans l'antiquité athénienne, le peuple tenait lui même ses grandes assises. A Rome, les consuls distribuèrent la justice. Les préteurs qui succédèrent aux consuls, modifiaient la loi lorsqu'ils la croyaient en opposition avec le droit naturel ; de même que, de nos jours, en Amérique, (2) le juge refuse de l'appliquer, lorsqu'elle lui paraît déroger aux principes constitutionnels. Sous l'empire romain, dans les républiques du moyen âge, la confusion des pouvoirs n'eut point de limites. En France, la lutte des parlements et de la royauté n'expira que sur le seuil de la révolution française. Aujourd'hui le dernier lien qui unissait la magistrature à la politique, vient d'être brisé ; ce lien c'était le serment.

— Messieurs, l'ordre des sociétés se fonde par la division des pouvoirs, comme l'ordre matériel a été fondé par la séparation des éléments.

(1) Jus Pontificium.
(2) Tocqueville. *De la Démocratie en Amérique.*

Le serment, que vous allez prêter, est purement professionnel. Il vous place en présence de Dieu, de qui seul votre conscience relève, de Dieu qui est la source du droit ; de la religion qui en est la sublime effusion parmi les hommes. Aujourd'hui plus que jamais, dans cette tourmente qui nous agite, votre mission doit être sanctifiée, car elle a pour but de raffermir ce qui s'ébranle, de relever ce qui tombe et de consolider, sous la main de la Providence, cette France qui porte le dépôt de la civilisation humaine.

Avocats,

La grande pensée qui a présidé aux immenses travaux du Code Civil et qui a fondé notre établissement judiciaire, a réglé aussi les bases de votre Ordre.

En vous associant à cette fête, vous vous rappellerez que vous avez avec la magistrature une origine commune ; et que, dans cette tâche qui lui est départie, votre coopération lui est due tout entière comme une dette d'honneur et de dévouement.

Messieurs,

Je voudrais apporter au milieu de vous un reflet de cette solennité où la magistrature a été instituée avec tant de grandeur par l'héritier du plus grand nom de l'histoire, par le Président de la République Française. Je ne puis en retrouver que les émotions et l'ineffaçable souvenir. J'ai eu l'immense honneur de vous représenter dans cette journée. Pour vous tous j'ai prêté un serment qui était au fond de vos consciences. Je viens aujourd'hui vous demander de le répéter et de l'élever à Dieu ; afin que, coréligionnaires, nous poursuivions d'un même amour, d'une même ardeur et d'un même dévouement, la mission que la République nous a confiée.

Nous requérons, pour le gouvernement, qu'il soit procédé à la réception du serment de M. le premier Président de la
Cour d'Appel et successivement de MM. les magistrats du
ressort convoqués à cet effet et présens à cette audience ; qu'ils soient déclarés institués conformément à la loi
et à la constitution et que du tout il soit dressé procès-verbal en la forme qu'il appartiendra.

Ce discours terminé et après les réquisitions de M. le
procureur général, M. le premier Président, que des raisons de santé ont empêché d'assister à la cérémonie de
l'institution de la magistrature qui a eu lieu à Paris le trois
novembre courant, debout, découvert et la main levée,
a prêté serment en ces termes :

« En présence de Dieu et devant les hommes, je jure et
» promets, en mon âme et conscience, de bien et fidèle-
» ment remplir mes fonctions, de garder religieusement le
» secret des délibérations et de me conduire en tout comme
» un digne et loyal magistrat. »

Après son serment, M. le premier Président a prononcé
l'allocution suivante :

Messieurs,

La grande Révolution qui a changé le Gouvernement de
la France a trouvé la Magistrature grave et impassible au
milieu de la profonde agitation soulevée dans la société.
Son bonheur et sa gloire ont été de demeurer entourée du
respect et de la confiance des populations ; sa constante
occupation d'acquitter la dette la plus sacrée de l'État en
rendant bonne justice sans interruption et sans préoccu-
pation de son avenir.

Cette noble attitude de la Magistrature a été digne de sa vieille renommée : et si des novateurs, aussi hardis qu'imprudens, ont songé à l'ébranler, à l'annihiler, la prépondérance des hommes sages et la raison publique ont fait comprendre les graves dangers d'une innovation qui, en portant atteinte à l'indépendance du juge, aurait compromis tous les intérêts publics et privés.

Que serait, en effet, le Magistrat, qui ne doit relever que de sa conscience ; que deviendraient sa vertu, son impartialité, s'il ne demeurait pas libre dans l'exercice du pouvoir grand et tutélaire qui lui a été confié, s'il n'était pas placé au dessus de toutes les passions, à l'abri de toutes les craintes ? C'est une haute et sage pensée, un enseignement digne du siècle de lumières et de progrès où nous vivons, que le Magistrat soit protégé même contre les révolutions. Immuable comme Dieu dont elle émane, la justice ne peut changer au gré des vicissitudes et des événemens politiques : elle doit rester la même dans tous les temps et sous toutes les formes de gouvernement.

Pourquoi, d'ailleurs, l'inamovibilité du Juge serait-elle incompatible avec la forme républicaine ? La justice et l'indépendance du Magistrat ne sont-elles pas encore plus le premier besoin des peuples libres, le plus grand bienfait des gouvernements démocratiques ? N'est-il pas plus important que la justice reste inébranlable, comme un rocher au milieu d'une mer orageuse, quand les partis s'agitent, se combattent et menacent d'entraîner la patrie dans l'abyme ?

Grâces soient rendues, moins encore pour nous qui avons été affermis sur nos siéges, d'où nous serions descendus avec calme et dignité si le bien de l'État eût exigé le sacrifice de nos charges, que pour la société en émoi, rassurée après une longue incertitude, grâces soient rendues à l'Assemblée Nationale qui a écrit dans le Livre de la Constitution la maxime salutaire de l'inamovibilité du juge,

à l'Assemblée Législative qui l'a appliquée par la loi orga-
nique judiciaire, et au Glorieux Élu du dix décembre, qui
comptera désormais parmi ses plus beaux titres à l'amour
et à la confiance du Peuple Français celui de Restaurateur
de la Magistrature.

C'est donc, Messieurs, le cœur plein de reconnaissance
et de dévouement que nous avons prêté serment, que vous
allez prêter le vôtre, en ce jour solennel où notre Magistrature reçoit une nouvelle et éclatante consécration sous les
auspices du Dieu de vérité et de justice, dont nous venons
d'invoquer les lumières et la sagesse pour l'accomplisse-
ment de l'œuvre sainte à laquelle nous sommes voués.
Nous demeurerons religieusement fidèles à notre serment.
Aidés par le Barreau, ce corps respectable que tant de
liens attachent à la Magistrature et où brillent tant de ta-
lens et de sentimens généreux, nous conserverons intact le
dépôt sacré des lois. Nous rendrons bonne et impartiale
justice, sans acception de personnes ou d'opinions : nous
veillerons au maintien de l'ordre et de la liberté : nous pro-
tégerons contre toute atteinte la religion, la famille et la
propriété, ces bases indestructibles sur lesquelles est assise
la société, ces grands biens que le Créateur a présentés à
l'homme pour l'encourager au travail, pour embellir son
existence, pour l'exercer à l'amour de ses semblables et à
la pratique de la plus belle vertu, la bienfaisance, et qui,
en définitive, peuvent seuls assurer la durée et la prospérité
de la République.

Nous n'oublierons pas non plus, Messieurs, que l'é-
tat actuel de la Corse réclame toutes les sollicitudes, l'action
incessante et énergique du pouvoir, la coopération active
et bienveillante de tous les amis de l'ordre et du pays. Magistrats et Citoyens nous ne faillirons pas à notre double
tâche. Nous allierons l'autorité et le conseil : et pour ajouter à nos vœux et à nos espérances que le bien se fera par

le mouvement général des esprits, autant que par la puissante volonté du gouvernement et la rigoureuse application de la loi, daigne le Ciel donner du retentissement à notre faible mais patriotique voix, pour que d'une extrémité à l'autre de ce département, tous les gens de bien puissent entendre et réaliser les paroles que nous leur adressons du haut de ce Sanctuaire.

« Réunis dans le même sentiment de l'amour du pays, soyons-le aussi dans l'emploi des moyens nécessaires à sa régénération. Disons, répétons à nos Compatriotes que l'honneur et l'intérêt leur commandent de dépouiller le vieil homme, de déposer ces armes homicides dont le funeste usage enlève tant de bras à l'agriculture, de soutiens aux familles, de braves défenseurs à la Patrie. Engageons-les à sacrifier à l'ordre, à la fraternité et à l'orgueil national les haines, le ressentiment, la vengeance, et à chercher dans les arts, les travaux et les occupations de la paix, qui s'allient parfaitement avec l'intelligence, le courage et la fierté que les Corses tiennent de la nature, le bien-être et la félicité qui sont le partage des peuples sages, laborieux et qui respectent la vie des hommes, tous frères devant Dieu et devant la Loi. »

C'est ainsi, Messieurs, que la Corse se relèvera digne en tout de la Grande Nation à laquelle elle a l'inappréciable bonheur d'appartenir, digne de l'intérêt que l'illustre Chef de la République porte à cette terre, la patrie de son auguste Père, le glorieux et fortuné berceau de NAPOLÉON LE GRAND.

Ensuite, M. le Premier Président a ordonné au Greffier en chef de donner lecture de la formule du serment et de faire, dans l'ordre des préséances, l'appel nominal de MM. les membres de la Cour qui doivent prêter serment.

Cette lecture ayant eu lieu, M. le Greffier en chef a procédé à l'appel nominal de MM. Casale et Stefanini, Présidents de chambre; Galeazzini, Marcilese, Arrighi, Pallavicini, Arena; Viale, Gavini, Juchereau de St-Denys, Andrau-Moral, Poli, Nasica, Levie, Montera, Miravail, Lacour, Morel, conseillers; Murati, conseiller auditeur; Sigaudy, 1er avocat général, Moisson, avocat-général, et Casabianca, substitut : lesquels se sont levés et découverts, au fur et à mesure que leur nom a été prononcé, et ont répondu, en levant la main : *Oui je le jure*.

M. le conseiller Colonna d'Istria se trouvant absent pour cause de maladie dûment attestée, ce magistrat prêtera son serment devant la Cour aussitôt que sa santé le lui permettra.

M. le Greffier en chef a ensuite, debout, découvert et la main levée, prêté lui-même le serment prescrit en ces termes: *Je jure de bien et fidèlement remplir mes fonctions*. Après lui, MM. B. Marinetti, Guasco, Santelli et Canavaggio, également debout et découverts, ont successivement et individuellement prêté le même serment en prononçant, après l'appel de leur nom, et en levant la main : *Oui je le jure*.

Cela fait, M. le Premier Président a donné acte du serment prêté, a déclaré la Cour d'appel de Bastia instituée, et a ordonné qu'il en sera dressé procès verbal sur les registres de la Cour.

Après quoi, M. le Premier Président a ordonné au Greffier en chef de donner une nouvelle lecture du serment des magistrats et de faire l'appel nominal des Présidents et Procureurs de la République près les tribunaux de 1re Instance et des Présidents des Tribunaux de Commerce du ressort, présents à la séance.

La lecture du serment faite, MM. Montera, président du tribunal de première instance de Bastia, Trolley, procureur de la république près le même siége, Dumalle, procureur de la république près le tribunal de première instance de Calvi, Cœuret, président du tribunal de première instance de Corte, Roux, procureur de la république près le même siége, Bradi, président du tribunal de première instance de Sartene; Comte, procureur de la république près le même siége ; Arene, président du tribunal de commerce d'Ajaccio et Gregorj, président du tribunal de commerce de Bastia, successivement, après l'appel de leur nom, debout, découverts et en levant la main, ont répondu : *Oui je le jure*.

M. le Premier Président a, alors, prononcé un arrêt par lequel la Cour donne acte du serment ci-dessus prêté.

Commet chacun de MM. les présidents des tribunaux de

première instance ci-présents, en ce qui les concerne, pour recevoir, sur la réquisition du ministère public, en audience publique, le serment des juges, juges-suppléants, substituts, greffiers et commis-greffiers de leurs siéges, pour ensuite être procédé, conformément à la loi, à la réception du serment des juges de paix, suppléants et greffiers des justices de paix de leur arrondissement.

Et attendu l'absence, motivée sur des raisons de santé, du Président et du Procureur de la république du tribunal de première instance d'Ajaccio, ainsi que du Président du tribunal de première instance de Calvi, déclare que lesdits magistrats, sur la réquisition du ministère public et en audience publique de leur siége respectif, prêteront serment ensemble aux autres membres desdits tribunaux, pour ensuite être procédé, conformément à la loi, à la réception du serment des juges de paix, suppléants et greffiers des justices de paix de leur arrondissement.

Commet aussi les Présidents des tribunaux de commerce d'Ajaccio et de Bastia, ci-présents, pour recevoir, en audience publique, le serment des membres de leurs tribunaux respectifs.

Et attendu l'absence, également motivée, du Président du tribunal de commerce de l'île-Rousse, commet le tribunal de première instance de Calvi pour recevoir, sur la réquisition du ministère public, et en audience publique, le serment du Président et des membres dudit tribunal de commerce.

Ordonne qu'il sera dressé procès-verbal du serment prêté aujourd'hui, ensemble de la commission donnée par le présent arrêt.

Ordonne aussi qu'une expédition du procès-verbal qui sera dressé dans les différents siéges, sera transmise à M. le Procureur-général pour être déposée aux archives de la Cour.

Après la prononciation de cet arrêt, Monsieur le Procureur-général s'est de nouveau levé et a requis qu'il plaise à la Cour, siégeant en audience de rentrée, admettre les Avocats présents à la barre au renouvellement de leur serment professionnel.

La Cour, statuant sur ces réquisitions, a reçu des Avocats ci-après dénommés, présents à la séance, le serment qu'ils ont renouvelé en ces termes :

« Je jure de ne rien dire ou publier, comme défenseur ou conseil, de contraire aux lois, aux réglements, aux bonnes mœurs, à la sûreté de l'État et à la paix publique.

et de ne jamais m'écarter du respect dû aux tribunaux et aux autorités publiques. »

Les Avocats qui ont prêté serment sont MM. Caraffa (Philippe), bâtonnier, Gavini (Giocante), Casella, Saliceti, Suzzoni, Cecconi, Arrighi, Gaffori, de Figarelli, Caraffa (Jean-Baptiste), Carbuccia, Milanta (Dominique), Ajaccio, Colonna-d'Istria (François-Marie-Hugues), Montera, Orsini, Bonelli et Gavini (Sampiero).

Ce serment prêté, M. le Premier Président en a donné acte et a levé la séance.

De tout quoi a été dressé le présent procès-verbal qui a été signé par M. le Premier Président et par le Greffier en chef.

Signés : { ALEXANDRE COLONNA D'ISTRIA.

P. MARINETTI.

BASTIA. — C. FABIANI, IMPR. DE LA COUR.

www.ingramcontent.com/pod-product-compliance
Lightning Source LLC
Chambersburg PA
CBHW050428210326
41520CB00019B/5835